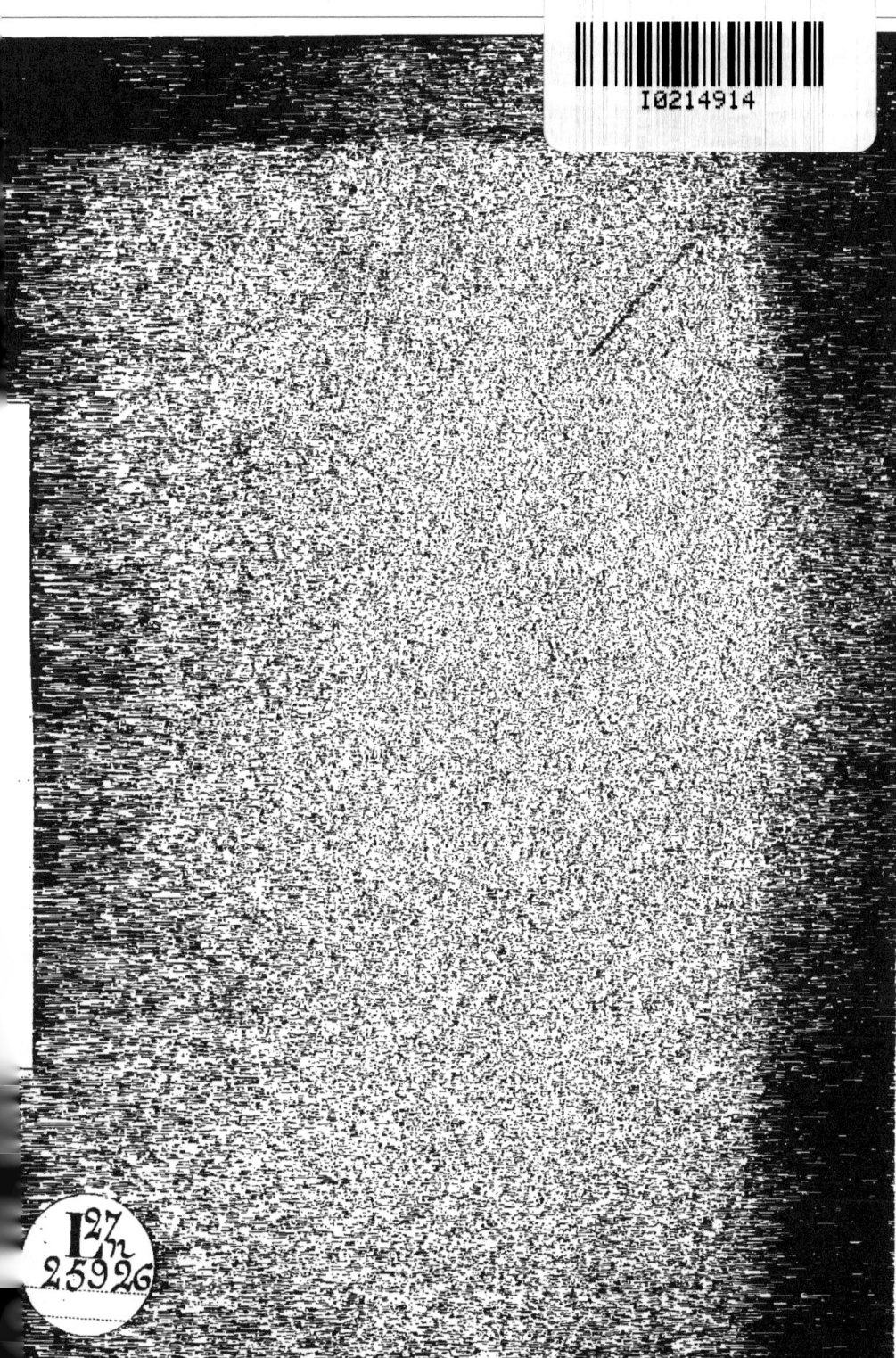

ELZÉAR GAUFRIDY

PAR

HENRI GUILLIBERT

Chevalier de l'Ordre Pontifical de Saint-Grégoire le Grand

MARSEILLE

BÉRARD, LIBRAIRE-EDITEUR

22, RUE NOAILLES, 22

1870

ELZÉAR

GAUFRIDY

ELZÉAR
GAUFRIDY

HENRI GUILLIBERT

Chevalier de l'Ordre Pontifical de Saint-Grégoire le Grand

MARSEILLE

BÉRARD, LIBRAIRE-EDITEUR

22, RUE NOAILLES, 22

1870

Lu à la Société Littéraire, Scientifique et Artistique d'Apt

(*Séance du 30 Janvier 1870*)

> Salut, champs que j'aimais, et vous, douce verdure,
> Et vous, riant exil des bois!
> Ciel, pavillon de l'homme, admirable nature,
> Salut pour la dernière fois!
>
> GILBERT. — *Adieux d'un jeune poete.*

Walter Scott parle, quelque part, d'un vieillard qui, monté sur un cheval blanc, parcourait l'Ecosse et reburinait sur les tombeaux les inscriptions à demi-effacées par le temps.

A l'exemple de ce vieillard, et voulant faire revivre un de ceux qui furent des nôtres, je vais essayer de jeter quelques fleurs sur la mémoire d'Elzéar Gaufridy, fondateur et membre zélé de l'*Athénée* de la ville d'Apt [1];

---

[1] J'ai fait l'historique de cette Académie dans mon *Étude sur la Décentralisation littéraire et scientifique*, présentée au Congrès d'Aix (2ᵉ volume du *Congrès Scientifique de France*, 33ᵉ session, Aix, Reymondet-Aubin, 1868, page 482).

Cette Société littéraire se soutient merveilleusement bien, grâce à l'intelligente et studieuse activité de son secrétaire, M. Emile Arnaud, puissé-je, à l'ombre de ce nom aimé, mériter les sympathies de tous ceux qui chérissent notre belle Provence et la poésie.

Elzéar Gaufridy est issu d'une des familles les plus nobles et les plus anciennes de notre ville [1]; les annales Aptésiennes disent que ses aïeux tinrent toujours le premier rang; on y voit des dignitaires de l'Eglise, des magistrats, des édiles et des échevins. Son grand-père, entre autres, l'avocat Gaufridy, s'était acquis, à cause de son profond savoir, une grande renommée dans nos contrées et au vieux Parlement d'Aix.

Elzéar partagea le temps de son éducation entre le Petit Séminaire d'Avignon et le Collége d'Apt. Enfant, il fut ce qu'il devait se montrer devenu homme ; ou, pour être plus exact encore, il conserva plus tard, dans l'âge viril, les allures naïves et ingénues de l'enfance.

Un de ses anciens camarades d'Avignon, devenu depuis prêtre du Christ, m'écrivait à l'époque de sa mort et m'en

---

membre de la Société Française de Géologie et de la Société d'Emulation de Provence.

Ce disciple des Bernard Palissy, de Buch et Elie de Beaumont, est l'auteur de travaux remarquables sur les gisements minéralogiques ; mention en est faite dans le Bulletin périodique de la *Société Française de Géologie*.

[1] Le père d'Elzéar Gaufridy est mort à Apt, receveur particulier des finances, Chevalier de la Légion d'honneur; il a laissé un autre fils, François Gaufridy, également poète gracieux et spirituel.

faisait un grand éloge ; d'après lui, le jeune Elzéar avait une grande sensibilité de cœur ; ses camarades le chérissaient, ils frappaient des mains avec joie toutes les fois qu'aux fins d'années son nom était proclamé dans les distributions des prix.

Elzéar m'a raconté souvent qu'un de ses grands plaisirs, durant son séjour dans la cité des Papes, était, les jours de promenades, de s'asseoir le long du Rhône et de regarder couler l'eau.

C'est alors, sans doute, que la Muse se révélait déjà à son âme.

Elle lui parlait dans les gémissements du vent, dans le chant des fauvettes, dans le bruissement des feuillages, comme aussi dans le murmure lointain et répercuté du roulement de l'eau.

Triste et mélancolique par nature, la vue de ce fleuve le charmait.... parce que l'eau est l'élément triste : *super flumina Babylonis, sedimus et flevimus* ; l'eau, comme l'a si bien dit l'auteur des *Méditations*, pleure avec tout le monde.

A ces effluves de poésie qui lui montaient au cœur, venaient se joindre les angoisses de l'amour du pays ; lui aussi, pur Aptésien, il mélodiait son *ranz des vaches*. — Sa consolation était de saisir dans les chants de la nature, dans les tintements des clochettes des troupeaux paissant dans la plaine, quelques-unes des réminiscences et des notes agrestes des riants vallons de *Rocsalière, de Valcroissant* et d'*Esclate-Sang*¹. — Et le soir, il rentrait plus content dans son lit de pensionnaire pour y rouler longtemps en silence, dans ses rêves éveillés, les images ravissantes de ses visions.

¹ Gracieux vallons aux sites enchanteurs formés par la chaîne des collines courant de Saignon à Bonnieux ¹ ; ils entourent la ville d'Apt d'une guirlande de genêts et de jasmins.

A *Rocsalière* coule la fontaine fraîche avec ses flots d'argent. — Sur un tertre de mousse, on voit les ruines d'un temple de druides; ses chapiteaux couverts d'un lierre grimpant sont enlacés aux troncs de chênes séculaires dont le feuillage épais forme un dôme de verdure.

Valcroissant; j'y trouve un doux souvenir : à travers un fourré d'arbres et de riantes cascades on aperçoit la tourelle d'une ancienne demeure ; sur la porte, je crois voir écrit : *honneur et science*; c'était la retraite du premier président baron Mézard ² ; en passant, je m'incline avec respect au souvenir de ce vénérable et bon ami de ma famille.

A *Esclate-sang* se trouve la maison de campagne de Gaufridy ; — là, au milieu des plantes odorantes, il arrosait les fleurs, il émondait les arbres... *falce ramos amputans*.

Je l'accompagnais souvent dans ses courses aux champs, à sa *fontaine de Blandusie*, comme il disait.

Tandis que, pour étancher la soif, nous détachions de leurs branches les pêches gluantes de gomme d'or et mouillées de rosée, Elzéar fredonnait entre ses dents ce couplet favori des Pompadour et Garsinde de Sabran :

> Nous n'irons plus au bois,
> Les lauriers sont coupés,
> Les belles que voilà iront les ramasser...

¹ Saignon vient de *signum*, lieu où César fit planter son drapeau, ou *sanio*, carnage, bataille ; le village de Saignon est adossé contre un gigantesque rocher qui, de loin, produit l'effet d'une citadelle.

Bonnieux vient de *Bonilius*, proconsul romain qui en fut le fondateur, ou de *Boni oculi*, à cause du coup-d'œil splendide qu'offre la position topographique de cette petite ville.

² Voir la notice de M. le baron Mézard, dans mon *Étude sur la Décentralisation littéraire et scientifique*, notes explicatives, n° 24, page 38.

Sur ces entrefaites, Elzéar perdit sa mère, pieuse et digne femme qui a laissé à Apt d'angéliques souvenirs. — Son père le rappela alors auprès de lui, et le plaça à notre Collége communal, où il a terminé ses études.

C'était pour ainsi dire au couchant des cycles d'honneur et de prospérité de cet établissement[1]; il s'y trouvait cepen-

---

[1] Le Collége d'Apt était très-florissant sous la direction des respectables MM. Gleize et Latier ; il continua néanmoins sous le nouveau principalat à fournir des sujets de valeur.

De ce nombre sont : Ponson du Terrail, le fécond et populaire romancier qui échafaude avec tant d'habileté les crimes les plus affreux au milieu de drames inextricables.

MM. Paul Bernard, avocat général à la Cour de Dijon, magistrat d'un grand talent, auteur d'ouvrages couronnés à l'Institut ; — de Lombard de Chateau Arnoux, président du Tribunal de 1re instance de Forcalquier; se montre comme magistrat tel qu'on l'a connu au Collége, un exemple de sagesse et d'instruction; il joint de plus à l'expérience une grande droiture d'esprit ; — Casimir Marin, juge de paix à Toulon, fils d'un des vétérans les plus érudits du barreau aptésien ; consacre les loisirs que lui laissent ses fonctions pour cultiver avec succès la peinture et les beaux-arts ; — Guigou Louis [1], avocat de mérite, occupant à cette heure la tête du barreau d'Apt ; — Emile Illy, ancien conseiller de Préfecture de Vaucluse, tenant à une de nos anciennes familles [2] ; — Carbonel, ancien polytechnicien, qui a composé d'érudits travaux sur

---

[1] M. Guigou a un frère également élève du Collège d'Apt, un de mes meilleurs amis d'enfance, le R. P. Justin Guigou, de la Compagnie de Jésus, professeur de Théologie morale pour les prêtres de son ordre, à la maison de Fourvière, à Lyon ; pieux et savant religieux que notre cité s'enorgueillira d'inscrire à la suite des Emérigou, Clément-Fontienne et Antonin Maurel.

[2] M. Illy a deux frères : l'ainé, Louis, qui est receveur de l'Enregistrement aux Martigues, employé très-estimé dans son administration; — et M. l'abbé Illy Hubert, curé de Sorgues (Vaucluse), chanoine honoraire de la Métropole d'Avignon ; digne et excellent prêtre que j'aime de toute mon âme. — Tandis qu'il est l'édification de ses ouailles, il poursuit avec zèle la construction d'une Eglise ; puisse-t-elle être bientôt achevée et sa vie sacerdotale comblée de joie et de bénédiction !

— 10 —

dant encore un noyau d'élèves intelligents et laborieux capables de soutenir le feu de l'émulation.

l'histoire locale ;— Charles d'Anselme, chevalier de la Légion d'honneur, capitaine de chasseurs, un vrai chevalier d'autrefois pour la noblesse des sentiments et l'élégance des manières, et son frère Justin, lieutenant des guides de la garde, mort à la fleur de l'âge, alors que la carrière des armes lui promettait comme à son frère aîné un superbe avenir [1] ; — Vidal, major d'artillerie, chevalier de la Légion d'honneur, élève de l'Ecole Polytechnique, officier d'élite ; — d'Avon de Sainte-Colombe, ancien magistrat, agriculteur émérite, président du Comice agricole, jouissant de l'estime générale ; — Charles Pons, fils d'un ancien député de Vaucluse; à cette époque un des plus brillants élèves ; — Henri Bonnet, fabricant de faïences, vice-président du Comice agricole, qui a écrit sur la *Truffe* une étude parfumée de savoir agronomique et d'un style très-correct ; — Bayle Dieudonné, avoué, homme d'affaires instruit et consciencieux; et bien d'autres encore.

Nous avons à Marseille quelques anciens élèves distingués du Collége d'Apt qui lui font honneur :

M. Hilarion Pascal, ingénieur en chef des ports, sorti un des premiers numéros de l'École Polytechnique, homme d'une capacité rare ; a conduit les travaux de nos ports avec une intelligence merveilleuse ; c'est lui qui a fait exécuter ces formes et instruments de radoub qui font de Marseille un des ports privilégiés du monde.

M. Pascal est officier de la Légion d'honneur, commandeur de

---

[1] MM. d'Anselme sont les fils du regrettable M. Philippe d'Anselme, ancien officier de cavalerie, chevalier de la Légion d'honneur, maire d'Apt, et décédé dans l'exercice de ses fonctions; type de loyauté et de bravoure.

Cette honorable famille est originaire de Bonnieux; le fils aîné, M. Victor d'Anselme, depuis longues années maire de cette petite ville, est un magistrat sage, bienveillant et aimé de ses administrés.

Le plus jeune de la famille, Henri d'Anselme, qui était aussi un officier distingué, est mort malheureusement au Sénégal, de la fièvre jaune, en 1862; âgé de 25 ans, il était lieutenant d'infanterie de marine.

Reste encore Ernest d'Anselme, ancien juge de paix, ayant laissé d'excellents souvenirs dans le canton de Burzet (Ardèche); bonne et franche nature, continuant, à Apt, les vieilles traditions de ses aïeux.

Le principal, M. Martin [1], homme instruit et éclairé,

plusieurs ordres ; il est également membre de l'Académie Impériale de Marseille (classe des Sciences).

M. Gustave Rousset, juge au Tribunal civil, jurisconsulte consommé, auteur de sérieuses publications sur le droit, fort appréciées et citées dans les *Revues de Jurisprudence* [1].

M. Jérôme Chéruit, employé supérieur des Douanes, officier du Nicham-Iftikar, fils d'un ancien capitaine de l'Empire, légionnaire, écrivain plein de verve originale, a fondé à Marseille la feuille piquante et caustique du *Mistral*, a collaboré encore à diverses publications. M. Chéruit a, de plus, un crayon aussi spirituel que sa plume.

Ces deux derniers condisciples et amis d'Elzéar.

M. le docteur Rocanus, qui a exercé assez longtemps la médecine à Apt, y a laissé les meilleurs souvenirs ; il est aujourd'hui fixé à Marseille, où il s'est fait une clientèle nombreuse et honorable ; doué d'une nature douce et bienveillante, M. Rocanus est en outre très-versé dans la médecine et la chirurgie.

[1] M. Martin, originaire de Saint-Remy, dont le mérite égale la rare modestie, a professé pendant plus de 20 ans, avec éclat, la rhétorique au Collége catholique de Marseille ; la plupart de nos jeunes gens d'élite qui cultivent avec succès les belles-lettres ont été les élèves de M. Martin; je citerai MM. Ernest Chauffard et Ludovic Legré [2], bien connus par leurs intéressantes publications ; — ce dernier vient d'être élu récemment, à une grande majorité, membre de l'Académie de Marseille.

En 1862, lors des Cours d'amour à Apt, M. Legré fut un des

---

[1] M. Gustave Rousset est le fils de M. Frédéric Rousset, ancien Sous-Préfet et Receveur particulier des finances à Apt, qui avait eu le merveilleux talent de se concilier toutes les sympathies, malgré les difficultés nombreuses que rencontre tout fonctionnaire appelé à administrer sa ville natale.

M. Antonin Rousset, frère du juge, inspecteur des eaux et forêts à Nice, a été l'objet de flatteuses distinctions; en 1863, ayant concouru devant l'Académie d'Aix, il obtint le prix d'une médaille de 300 fr., à cause d'un remarquable travail sur la question forestière intitulée *Les Etudes de Maître Pierre*.

[2] Monsieur Aimé Jean, l'aimable et si intéressant feuilletoniste du *Mercure Aptésien*, est pareillement un des rhétoriciens formés par M. Martin au Collége catholique de Marseille.

ayant reconnu dans Elzéar un esprit fin, délicat et une imagination brillante, s'appliquait à lui faire goûter les magnifiques beautés des poésies grecque et latine, ces deux grandes maîtresses de la littérature française.

En avançant dans les classes supérieures, Elzéar lisait avec enthousiasme Virgile et Horace, s'agenouillant au dedans de lui-même aux sons de leurs grandes harmonies. — C'est à ces sources divines, si je puis m'exprimer ainsi, qu'il puisa, pour l'avenir, ses inspirations poétiques les plus riches et les plus pures.

Je puis affirmer, sans crainte d'être contredit, que si E. Gaufridy n'a pas été l'élève le plus brillant du Collége d'Apt, sa place est au moins parmi ceux qui s'y distinguèrent le plus.

De là, nous le suivons à Aix, à l'École de droit, où il montra toujours la même bonté de cœur, la même affabilité de manières.

sept juges composant le jury des Félibres provençaux, présidé par le poète Mistral ; on se souvient que, dans le compte-rendu de ces fêtes, il est parlé de la façon intelligente avec laquelle il lut en séance solennelle la scène comique qui obtint le deuxième prix. (*Mercure Aptésien* du 21 septembre 1862).

Ce fut grâce à l'initiative de M. le maire Bernard, médecin habile et poète spirituel, que furent organisés, à cette époque, les jeux floraux de la ville d'Apt; — le docteur Bernard fut lauréat du concours de poésie provençale et mérita la première mention d'honneur.

Au nombre des couronnés se trouvait aussi notre compatriote M. A. Perrin, résidant à Marseille, un de nos érudits les plus profonds, l'auteur des précieuses éphémérides qui figurent chaque semaine en tête des colonnes du *Mercure Aptésien*.

Insouciant comme le sont les poètes, comme eux aussi il aimait l'air libre des champs et les horizons élargis. — Dans l'intermède des cours de la Faculté, c'est au vallon des Pinchinats qu'il allait, comme jadis aux bords du Rhône, renouveler ses aparté avec les nuages, la nature, les grands arbres et les vertes prairies.

Ce vallon était bien fait pour enchanter le poète ; au mois d'avril, surtout, il est éblouissant de magnificence printanière ; à droite et à gauche on aperçoit comme de blanches corbeilles de fleurs d'amandier, et chaque terrain planté de ces arbres offre l'aspect d'un jardin.

A l'orient se dresse au loin Sainte-Victoire, se mêlant au souvenir d'un triomphe de Marius, et dont le pic hardi et les lignes recourbées auraient souri au génie de Salvator Rosa.

Puis il travaillait les *Pandectes*, les *Institutes*, le Code ; et le soir, en fumant gaîment les cigares, on rimaillait autour des flammes bleuâtres d'un joyeux punch.

Elzéar Gaufridy fut reçu avec boules blanches à son examen de licence, et il vint s'asseoir à la barre de notre Tribunal.

Il y plaidait quelquefois, mais ayant un patrimoine suffisant pour vivre à son aise, il exerça la profession d'avocat en amateur.

Nous devons exprimer un regret par rapport à notre pauvre et excellent ami ; c'est qu'étant si bien doué d'esprit et de cœur, il n'ait point cédé aux sollicitations pressantes d'un membre éminent du barreau de Marseille qui l'engageait à venir se fixer dans cette ville.

— 14 —

M. Alexandre Clapier [1] (ancien député), dans le cabinet duquel Elzéar avait travaillé pendant quelque temps, l'avait apprécié à sa juste valeur ; il comprenait qu'il fallait au jeune stagiaire un champ plus vaste où il aurait ses coudées franches, en y trouvant à la fois des éléments riches, variés et susceptibles de féconder sa nature d'élite.

Mais l'amour du sol natal était toujours là ; à peine Elzéar avait-il quitté Apt, qu'il pleurait comme un enfant. — Autre fils d'Israël suspendant sa cithare aux saules de l'Huveaune [2], « Mais moi, disait-il, où chanterais-je loin de mon Calavon chéri [3]... » *quomodo cantabimus in terrâ alienâ.*

---

[1] M. Clapier est incontestablement un de nos savants les plus distingués ; il a marqué sa place au barreau, à la tribune et parmi les économistes ; nous nous réservons de parler plus longuement de lui ainsi que de ses ouvrages dans notre 2º édition de *la Décentralisation*, qui paraîtra prochainement.

[2] L'Huveaune, petite rivière prenant sa source aux collines de la Sainte-Baume ; elle arrose le côté sud du territoire de Marseille et se jette dans la mer à la plage du Prado.

[3] *Calavon* ou *Caulon*, rivière qui baigne la ville d'Apt ; son lit n'a de l'eau que pendant l'hiver et l'automne ; durant l'été, elle roule des flots de poussière. — Ce torrent, rival du *Mançanarès madrilène*, a varié d'appellations :

En 984 il s'appelle *Caudaleonem*, queue de lion ; en 1250, *Calaonem*, *Calaon;* en 1598, *Calavon.* — En 1505 on a commencé à l'appeler *Caulon*, et en 1850 l'administration des ponts et chaussées a fini par le désigner sous le nom de *Coulon* au lieu de *Caulon*.

Sur le Calavon est jeté le pont Julien avec ses arches antiques. Un de nos érudits compatriotes, M. Camille Moirenc, est l'auteur d'une Notice historique exacte et consciencieuse sur ce pont romain. (Voir le volume du *Congrès Archéologique d'Apt*, session de 1862).

Et sa Muse lui criait : Retourne dans le pays où tu sais chanter... chante, c'est ta destinée !

Il reprenait alors la route de *Santa Anno d'Apt* [1]; à peine apercevait-il de loin les gorges verdoyantes de la Combe [2],

---

[1] Santa-Anno d'Apt, c'est ainsi que jadis nos pères, plus religieux que nous, appelaient la cité Julienne.

Ils étaient pleins d'amour et de vénération pour l'aïeule du Christ, dont les précieuses reliques sont, aux yeux de la foi, le *labarum* protecteur de notre chère patrie.

Aptenses populi plaudite : dulcia,
Patronæ memores cantica promitte [1];
. . . .

[2] Sur la route de Marseille à Apt, à peine est-on sorti du joli village de Lourmarin [2] (illustré par Philippe de Girard [3]), qu'on entre dans la Combe, espèce de défilé entre deux chaînes de noires collines.

Vers son milieu, on voit un roc escarpé appelé le Rocher des Abeilles, au sommet duquel se trouve une grotte fameuse par ses stalactites. On raconte bien des légendes sur cette Combe. — Jadis elle était très-redoutée des voyageurs, à cause des crimes nombreux qui s'y commettaient.

En 1348, les Tuchins qui désolaient la Provence, campèrent dans ses gorges; — ils furent attaqués par Raymond d'Agoult et de Buoux qui les battirent et les mirent en fuite dans les montagnes du Luberon.

Les Tuchins qui purent échapper à ce désastre se sauvèrent en passant la Durance à Mirabeau [4]. — Il y eut 70 blessés, 30 prisonniers

---

[1] Un de nos compatriotes, M. X. Mathieu, a publié un ouvrage attestant de laborieuses recherches touchant l'invention des reliques de notre grande patronne. — *Du culte de Sainte-Anne dans l'ancienne cathédrale d'Apt.* (Apt. SS. Jean, 1861).

[2] L'étymologie de Lourmarin est lumière issue, — *marinum* du côté de la mer.

[3] Il existe une notice biographique de Philippe de Girard écrite avec infiniment d'élégance par le spirituel publiciste Benjamin Rampal; Paris, Pillet fils aîné, 1857. —Marseille s'honore de compter Benjamin Rampal au nombre de ses enfants.

[4] Mirabeau, de *Mira*, vue, poste, bon poste.

qu'il ressentait une douce joie, parce qu'il aspirait par avance, les brises parfumées de Mauragne et de Rocsalière [1].

et quantité d'arquebuses, de sarbacanes et de sabres qui restèrent au pouvoir des troupes de d'Agoult et de Buoux.

Ce combat fut livré dans le *Val d'Aurons*.

Aurons... que d'émotions je retrouve là ! ce val pittoresque est notre propriété de famille. — Mon bien-aimé père consacrait ses loisirs aux soins de cette terre chérie ; au midi, sur les jardins, se trouve une jolie chapelle rustique bénite par notre grand-oncle, le chanoine Pierre Guillibert.

Chaque année, à l'automne, nous passions le temps des vacances à Aurons. Un saint prêtre, réfugié espagnol, le R. P. Dominique Bayer, dominicain, venait nous dire la messe. — Nous avions pour lui une respectueuse affection, nous le regardions comme un des nôtres.

J'ai été heureux, ces temps derniers, de voir à Marseille, le neveu de ce digne religieux, M. l'abbé Dominique Bayer, promoteur fiscal du diocèse de Cuenca *(Royaume de Castilla la Nueva)*, jeune prêtre d'une distinction rare, rappelant beaucoup son oncle par sa franchise et sa cordialité [1].

Cette pieuse coutume de nos réunions de famille s'éteignit à la mort de notre bien-aimé grand-père, Hippolyte Guillibert [2].

Quand le tronc est tombé, les branches meurent !..

[1] Nous avons parlé de Rocsalière; le vallon de Mauragne se montre à droite sur la grande route, quand on vient de Marseille à Apt ; — site à églogues et à idylles.

Alors que le printemps sourit au ciel, que les frais ruisseaux arrosent

---

[1] Le Père Bayer était arrivé à Apt, en février 1841, avec l'état-major du général Forcadell, dont il était aumônier. Durant les douze années qu'il séjourna dans notre ville, il s'acquit le respect et l'affection de tous ; il joignait à l'austérité de sa vie beaucoup de noblesse et de générosité de cœur.

Rentré en Espagne en 1852, le père Bayer est décédé dans sa ville natale, de Castellon de la Plana *(Royaume de Valence)*, le 12 octobre 1854.

Que sa mémoire soit bénie !..

[2] M. Hippolyte Guillibert, ancien procureur général à la Cour Royale de Caen; voir sa notice biographique, dans l'*Etude sur la Décentralisation littéraire et scientifique*, notes explicatives, n° 24, page 39.

Elzéar s'était fabriqué une espèce de hutte qu'il appelait son cabinet ; que de fois j'ai monté les marches de cet escalier de bois rappelant ceux, tout aussi pittoresques, des chaumières du Graisivaudan [1]. — Là, au milieu d'un tas de livres, de paperasses amoncelées, auprès d'un bon feu, on devisait sur les poëtes de l'antiquité ainsi que sur les modernes ; on parlait avec chaleur de l'amour du beau, du grand, de l'immensité de Dieu, de la faiblesse des hommes.

Quelquefois nous nous attablions dans le vieux salon

---

les sainfoins, les coquelicots et les asphodèles, il est bon de faire halte à Mauragne, d'y rêver et d'y chanter quand on est poète.

Au sommet ouest d'une des collines qui entourent ce vallon, au milieu des houx, de la mousse et des églantiers, se dressent les ruines de la chapelle de N.-D. de Clermont. — D'immortels souvenirs se rattachent à ce sanctuaire : le pape Urbain II l'avait consacré, et c'est là qu'il présida le fameux concile où fut résolue la première Croisade (1096). — On trouve une description charmante du vallon de Mauragne dans la brochure du savant abbé Rose : *Le Château de l'Evêque d'Apt aux Tourrettes;* Marseille, Olive, 1868. — Nous parlerons longuement du Remerville de nos jours, dans notre deuxième édition de *la Décentralisation*.

[1] Graisivaudan — vallée magnifique de Grenoble à Chambéry ; — comme beauté et grandiose elle n'a rien à envier aux vallées de la Suisse.

Elle a pour moi d'ineffables souvenirs ; en 1842, je l'ai parcourue avec mon père si aimé ; il me conduisait à Chambéry, au collège des RR. PP. Jésuites.

Maison bénie, où s'écoulèrent mes plus beaux jours, ceux de l'innocence, de la foi et de l'amitié : à Chambéry, toutes nos âmes avaient des ailes pour voler d'un élan naturel vers Dieu et vers le bien.

Je me suis appliqué à réunir ces impressions de mon enfance dans un opuscule en voie de publication, intitulé : *Souvenirs de Chambéry*.

de cet oncle *mémorable*, M. Charles Gaufridy [1]; — les produits de la chasse d'Elzéar faisaient les frais de ces agapes de l'amitié, où régnait toujours une bien franche et bien joyeuse cordialité.

Nos causeries familières roulaient ordinairement sur la politique, l'histoire, principalement sur Dante, Pétrarque, Shakspeare, Milton, Chateaubriand; puis sur ses poètes favoris, Gœthe, Lamartine, Musset et Victor Hugo.

On avait dit à une certaine époque, qu'Elzéar Gaufridy était républicain.

Il y a une république dont le caractère est éminemment pacifique, c'est la république des lettres. — C'est en elle, en réalité, que les droits et les devoirs, les devoirs et les droits sont et demeurent inséparables. — Elle admet, il est vrai, des priviléges, mais ce sont les priviléges aimés du mérite uni à la vertu.

---

[1] M. Charles Gaufridy, notaire à Apt, homme d'honneur et de probité, mais d'une originalité extrême, se faisait remarquer par ses allures excentriques; on raconte sur son compte plusieurs anecdotes piquantes, entre autres son voyage à Rome, où il séjourna seulement vingt-quatre heures.

M. Gaufridy avait cédé son étude à M. Camille Rousset qui en est encore le titulaire; M. Rousset [1] jouit à Apt de la considération et de la confiance publiques; — on doit au reste en dire autant de ses deux collègues, MM. Reynaud et Bardon; ces Messieurs s'efforcent de rivaliser entre eux d'honneur et de savoir.

[1] Le fils de M. Rousset, notaire, est ancien élève de l'Ecole Polytechnique, et officier du génie d'un bel avenir.

Le membre de cette pure démocratie n'est pas l'individu d'une cité, d'une province, d'un Etat ; il est le citoyen du monde.

Voilà quelle était la république de mon ami, et il pouvait, avec le juste orgueil de l'homme de lettres indépendant, s'écrier :

> Ma patrie est partout où rayonne la France,
> Où son génie éclate aux regards éblouis !
> Chacun est du climat de son intelligence ;
> Je suis concitoyen de toute âme qui pense :
> La vérité, c'est mon pays [1].

Quoiqu'on en dise, Elzéar travaillait assez ; — mais il y avait chez lui deux immenses défauts : une grande timidité jointe à une irrésolution profonde ; aussi se décidait-il rarement à achever ses compositions et à les mettre au jour [2].

Il savait que, de tous les dons du ciel, la poésie est celui dont l'abus est le plus commun — la lyre d'Orphée, dit-on, pacifiait les hommes en apaisant leurs passions — que de lyres qui les corrompent ; et combien de poètes qui, sautant à pieds joints sur les règles du rythme et de l'harmonie, produisent dans leurs chants l'effet désagréable d'un clavecin brisé !

---

[1] Lamartine, *La Marseillaise de la Paix*.

[2] C'est ainsi qu'il fit un travail sérieux et approfondi sur la transcription hypothécaire, sans lui donner l'honneur de l'impression, alors que cet ouvrage était appelé à rendre d'incontestables services.

Aussi Elzéar voulait-il que, dans ses œuvres, tout fût parfait, que rien ne pût choquer et l'oreille et les yeux.

Il y a de lui plusieurs pièces de vers [1]; — elles dénotent son amour profond pour les aspirations nobles et élevées : admirateur passionné de la poésie, il était de ceux qui l'envisagent comme l'expression la plus haute de la parole humaine. Il disait que, pour en avoir la vraie définition, il suffisait de se demander pourquoi Dieu avait donné la parole à l'homme, et que le grand rôle de la poésie était de prêter aux plus nobles pensées que l'homme puisse

---

[1] Je connaissais à peu près toutes ces pièces ; mais, à sa mort, mes efforts ont été vains pour les retrouver. — J'avais copié les vers de la *Charité ;* comme on le verra ci-après. ils présentent de belles idées, mais ils pêchent quelquefois par la forme.

Il excellait dans le genre Idylle. — A l'occasion de mon mariage, il voulut bien nous dire un épithalame rempli d'élégance et de bonne amitié.

Voici la fin des adieux poétiques qu'il improvisa, lors d'un dîner offert à l'un de nos Sous-Préfets, appelé à une autre résidence.

> . . . .
> Mais il est des vertus différentes de celles
> Qui font le citoyen et l'administrateur,
> Que nous préférons tous, et qui font parler d'elles
> Peut-être plus encor ; ce sont celles du cœur ;
> Vous en laissez ici de nombreux témoignages,
> Plusieurs regretteront l'ami qu'ils ont perdu ;
> Ceux qui de vos bontés ont recueilli des gages,
> Vous rendent par leurs vœux le bien qu'ils ont reçu.

Comme je l'ai énoncé, Elzéar commençait beaucoup et terminait peu ; il en était de ses vers comme des fleurs dont la tige est brisée et qui n'ouvrent point leur corolle. On lui reconnaissait toutefois un bon jugement en matière de poésie et de littérature, aussi faisait-il habituellement partie du Jury désigné par notre Académie pour l'examen des Concours annuels.

concevoir un langage digne d'elles pour les exprimer.

Il croyait, comme Lamartine, qu'elle devait être un *sursum corda* perpétuel, « l'ange gardien de l'humanité à tous les âges ».

Il était pénétré de ce grand axiome de l'école poétique chrétienne, qui établit que l'homme, ne pouvant faire un meilleur usage de la parole qu'en adressant à Dieu des louanges, et à ses frères de consolantes exhortations, telles devaient être, dès lors, les deux fins sublimes de la poésie.

Et c'est sous l'influence de ces immortels principes qu'il a composé sa poésie intitulée : *La Charité :*

En lisant ces vers, on comprend l'élévation et la douceur consolante de la poésie chrétienne. — Elle plane au-dessus des plus hautes cimes du Parnasse païen, s'élève dans les régions plus voisines du Ciel que de la terre et ne se repose qu'en Dieu.

Je me ferai un bonheur de transcrire, ici, ces vers [1], — afin que notre ami

> Qui ne demande plus que nos prières seules,
> Tressaille dans sa tombe en s'entendant nommer,
> Sache que sur la terre on se souvient encore,
> Et, comme le sillon qui sent la fleur éclore,
> Sente dans son œil vide une larme germer [2] !

Les annales littéraires de notre Société contiennent un

---

[1] Voir page 27.
[2] V. Hugo. — *Les Feuilles d'Automne.*

travail historique d'Elzéar, écrit avec élégance sur la Provence au moyen-âge [1].

Il avait publié aussi dans le *Mercure Aptésien*, cette feuille si aimée des exilés, plusieurs excellents articles sur la question vitale du chemin de fer à Apt [2].

En dernier lieu, il a composé une ode magnifique en l'honneur de la Pologne [3], comme l'ont fait les sublimes poëtes, le polonais Sigismond Krazinski [4], et l'auteur de *Pernette*, Victor de Laprade [5]; — il annonce la liberté à ces héros du Nord, foulés aux pieds par les barbares, mais qui renaîtront un jour.... RESURRECTURIS !

---

[1] *Annales de la Société Littéraire, Scientifique et Artistique d'Apt*, 1er volume, page 48.

[2] Voir les nos du journal le *Mercure Aptésien*, des 21 octobre, 18 novembre, 2, 16, 23, 30 décembre 1860; 6, 20 janvier; 10, 17, 24 février; 3, 10, 17 mars 1861.

[3] Je regrette beaucoup de n'avoir pu ajouter ici ces vers sur la *Pologne*; dans leur ensemble, ils sont bien supérieurs à ceux de la Charité; Elzéar y avait apporté plus d'ampleur et de richesse, se tenant toujours à un égal niveau de penser et de dire.

[4] Sigismond Krazinski, grand poète national polonais; — on connaît de lui deux poèmes splendides, *L'aube* et *Le dernier*, traduits en français par Constantin Gaszynski. — Cet autre poète des bords de la Vistule fut presque des nôtres; il est mort à Aix en 1866, après avoir habité assez longtemps cette ville. — Sa mémoire fut dignement célébrée par M. J.-B. Gaut, le gracieux troubadour de la Provence et le docte historien du bon roi Réné.

[5] Victor de Laprade, de l'Académie française, a adressé à la Pologne de superbes vers, RESURRECTURIS !....

Le poème de *Pernette* qui vient de paraître, est le chef-d'œuvre du chantre de *Psyché*; on peut dire qu'il renferme son âme tout entière;

J'ai détaché la troisième strophe de la pièce de vers *La Charité*, comme devant être, pour ainsi dire, le *coronat opus* de cette esquisse littéraire et nécrologique.

On dirait qu'en écrivant ces vers, notre ami avait eu comme la prévision secrète qu'ils seraient pour lui son chant du cygne :

> Au chevet du mourant vous l'avez vue assise,
> Lui parlant du pardon, de la terre promise.
> Elle met sur son front le signe des élus,
> Et fait luire en son âme un rayon d'espérance,
> Pour l'aider à porter sa dernière souffrance
> Comme un trésor de plus.

C'est elle, cet ange du ciel, la Charité... qui lui est

il lui a donné tout ce qu'il a en lui de foi, de sentiments élevés, d'élans généreux, de convictions profondes.

Dans *Le soldat de l'an II*, comme dans *Les muses d'Etat*, M. de Laprade prouve qu'il n'est pas resté sourd aux bruits de son époque....

> Si rêveur qu'on m'ait dit, j'ai les yeux bien ouverts
> Et pourrais au besoin mettre mon siècle en vers.

Le barde a mis une corde d'airain à sa lyre, et l'ère des Césars a eu son Juvénal.

L'aigle vole au soleil, de Laprade vole au Ciel et y entraîne ses lecteurs par la force de sa verve, par la puissance et la beauté de ses images[1].

---

[1] La ville d'Apt a eu l'honneur d'applaudir aux premières prémisses poétiques de l'illustre académicien ; alors qu'il faisait son droit à Aix, il venait quelquefois, au temps des vacances, voir ses camarades de collége, Elzéar Pin et Félix Guilibert. — En septembre 1864, M. de Laprade a eu la gracieuse pensée de faire don de ses œuvres à notre bibliothèque naissante, et dans le but de conserver ses anciennes relations avec Apt, il a exprimé le désir de voir son nom inscrit parmi les membres d'honneur de notre Société littéraire.

apparue à son heure dernière sous la bure d'une humble fille de Saint-François [1] ;

Il en écoutait les exhortations avec une pieuse docilité ; il exprima lui-même le désir de voir un Prêtre ; ce fut avec bonheur qu'il accueillit le digne Curé d'Apt [2] ; il lui ouvrit son âme, et après avoir puisé des forces aux sources mystérieuses des Sacrements, il est parti pour là-haut !...

Et sa muse harmonieuse est remontée au Ciel !...

Hélas ! Elzéar, je ne pourrai plus chanter avec toi ce joyeux refrain :

> Nous n'irons plus au bois,
> Les lauriers sont coupés,....

---

[1] Admirable institution; ces religieuses franciscaines, appelées *Sœurs de la corde*, élèvent les petits enfants et soignent les malades.

Manibus date lilia plenis, jetons les lis à pleines mains sur ces épouses de Jésus-Christ ; elles font partie de cette fleur de la moisson qu'il est venu récolter sur la terre.

C'est à M. le Maire Hippolyte Reynaud, notaire, à qui l'on est redevable de cette fondation de charité; homme d'intelligence et de grande activité, M. Reynaud a marqué son passage à l'édilité d'Apt, par de très-importantes et très-précieuses innovations.

M. Reynaud fut très-bien secondé dans son administration par ses deux adjoints, hommes remplis de dévouement pour la chose publique : MM. Maurizot, capitaine en retraite, chevalier de la Légion d'honneur, et Jules Teissier, avoué.

[2] M. le chanoine Bertrand, archiprêtre, curé d'Apt, parfait modèle du pasteur des âmes, zélé et vigilant, aimé et béni à Apt.

Antérieurement M. Bertrand avait rempli les fonctions d'aumônier à l'hôtel des Invalides à Avignon ; au contact de ces vieux braves, il a pris certaines allures décidées de loyauté et de franchise qui s'harmonisent très-bien avec le caractère du prêtre.

Mais les lauriers du poëte ne se fanent pas, j'en plante une tige sur ta tombe, et, quand elle aura poussé, nos arrières-neveux pourront, un jour, à l'ombre de ses vertes feuilles, lire cette inscription :

Ici repose un *Troubadour Aptésien,* riche de bonté de cœur et de gaîté d'imagination. Son vrai titre de noblesse est d'être mort en chrétien croyant et repentant, plein d'amour pour le Sauveur du monde et de confiance dans l'Eglise Romaine.

LA CHARITÉ

Une fête pieuse en ce jour nous rassemble ;
Aux pieds de cet autel, agenouillés ensemble,
Unissons à nos chants un nom si respecté ;
Que les anges du ciel, satisfaits de l'entendre,
Bénissent devant Dieu celui qui sait comprendre
   Le mot de *charité*.

Vous la connaissez tous cette vierge bénie,
Elle vous a parlé bien souvent dans la vie.
Vous avez près de vous vu pleurer et souffrir ;
Heureux, si votre cœur trouvant une infortune,
Ne la repousse pas comme l'ombre importune
   D'un triste souvenir.

. . . .
. . . .
. . . .

. . . .
. . . .
. . . .

Sous les lambris dorés, au seuil de la chaumière,
Elle sait que partout se cache une misère :
Sous la soie et la bure on pleure et l'on gémit,
Aussi, près de tout homme elle trouve sa place
Et calme ses douleurs, ainsi que l'aube efface
   Les larmes de la nuit.

Si la foi du martyr doit enflammer le zèle,
Lorsque, pour cimenter la doctrine nouvelle,
Il fallait que le sang ruisselât nuit et jour ;
Il fallait que le peuple, avide de spectacles,
S'en vînt rassasié, disant que ses oracles
   N'avaient pas tant d'amour ;

La charité, sa sœur, doit aller par les villes
Etouffer le flambeau des discordes civiles ;
Puis, versant son trésor sur tout le genre humain,
Et portant de la foi la lumière féconde,
Comme un nouveau César, elle a conquis le monde
   Une croix à la main.

Des anciens préjugés dédaignant les entraves,
Les apôtres brisaient la chaîne des esclaves ;
Au vieillard grelottant, l'un cédait son manteau,
Un autre abandonnait sa maison, sa richesse ;
Tel au bord du chemin, un voyageur délaisse
      Un importun fardeau.

Puis, venant parmi nous, elle a peuplé nos villes
De vertueuses sœurs et fondé des asiles
Où jamais le malheur ne vient frapper en vain ;
Près d'elle l'exilé retrouve une patrie,
Le malade des soins, et l'enfant qu'on oublie
      Une mère et du pain.

L'apôtre, dans son sein retrempe son courage,
Quand il va s'abriter aux tentes du sauvage,
Et lui prêcher un Dieu qu'il ne connaissait pas ;
Au milieu des périls, c'est elle qui l'entraîne,
Lui fait braver l'injure et mépriser la haine
      Qui s'attache à ses pas.

Quand le soir a vu fuir les heures occupées,
Le moissonneur s'endort sur les gerbes coupées ;
Tout l'invite au repos, le rossignol gémit,

La brise est parfumée et la nuit est sereine,
L'étoile brille au ciel et l'eau de la fontaine
   Tombe et coule sans bruit.

Si l'homme peut dormir quand sa tâche est finie,
L'œuvre sainte ici-bas n'est jamais accomplie ;
Aussi la charité ne se lasse jamais ;
Elle vient rapprocher des distances fatales,
Et sur un champ couvert de passions rivales
   Faire fleurir la paix.

Quand le Christ racontait ses saintes paraboles,
Jetant comme un semeur le grain de ses paroles,
Aimez-vous, disait-il, que la haine et le fiel
S'effacent de vos cœurs, aimez-vous sur la terre ;
Donnez, si vous voulez que quelque jour mon père
   Vous donne dans le Ciel.

Le peuple le suivait, ecoutant les merveilles
Qui, comme un son divin, vibrait à ses oreilles,
Des rives du Cédron au sommet du Thabor ;
Et quand il s'en allait, en chantant ses louanges,
Les pieux pélerins ont entendu des anges
   Qui les chantent encor.

Donnez! car les débris dont votre table est pleine
Peuvent avoir leur prix ; quand la Samaritaine
Versa la goutte d'eau sur le front du Sauveur :
Que votre foi, dit-il, soit plus vive et plus belle
Que l'eau de votre amphore et conserve plus qu'elle
      Sa limpide fraîcheur.

Donnez, sans que vos mains mesurent leur offrande ;
Quand le pauvre vous suit, c'est Dieu qui vous demande ;
L'aumône est pour le cœur plus douce que le miel ;
Dans sa balance d'or Dieu vous en tiendra compte,
Chaque chose a sa voix; au Ciel l'aumône monte
      Comme un encens d'autel [1].

---

[1] E. Gaufridy fit cette pièce de vers à l'occasion d'une Pastorale représentée au profit de l'*OEuvre de la jeunesse*. (Voir le *Mercure Aptésien* du 1ᵉʳ janvier 1859).

Je m'en voudrais de ne point dire, ici, un mot de l'*OEuvre de la jeunesse*, à Apt. — On en doit la création à un prêtre animé d'un saint zèle et qui fait un grand bien dans cette ville, M. l'abbé Jean, vicaire.

Cet établissement est appelé à former une pépinière de pieux jeunes gens, préservés de tout péril ; cultivés avec tant de soins, jamais plantes ne se seront plus tôt couvertes de fleurs et de fruits.

Il alors il nous sera donné de voir bientôt revivre les hommes d'autrefois, franchement chrétiens et pratiquant leurs devoirs religieux sans crainte du respect humain.

Honneur à M. l'abbé Jean pour sa belle œuvre ! les champions de l'honneur et de la vertu, les deux vraies bases de transformation sociale, se feront un devoir de la soutenir et de l'encourager.

Marseille. — Typ. Marius Olive, rue Paradis, 68.

MARSEILLE. — TYPOGRAPHIE MARIUS OLIVE,
Rue Paradis, 68.

www.ingramcontent.com/pod-product-compliance
Lightning Source LLC
Chambersburg PA
CBHW060952050426
42453CB00009B/1174